DEATH NOTE
How to use it
I

○ The human whose name is written in this note shall die.

> L'humain dont le nom est écrit dans cet agenda mourra.

○ This note will not take effect unless the writer has the person's face in their mind when writing his/her name. Therefore, people sharing the same name will not be affected.

> Cet agenda ne prendra effet que si celui qui écrit connaît le visage de la personne lorsqu'il écrit son nom. de cette manière, les personnes ayant le même nom ne seront pas affectées

○ If the cause of death is written within 40 seconds of writing the person's name, it will happen.

> Si la cause de la mort est ajoutée moins de 40 secondes après avoir écrit le nom, elle se réalisera

○ If the cause of death is not specified, the person will simply die of a heart attack.

> Dans le cas contraire, la personne mourra simplement d'une crise cardiaque.

○ After writing the cause of death, details of the death should be written in the next 6 minutes and 40 seconds.

> Après avoir spécifié la cause de la mort, des détails peuvent être ajoutés dans les 6 minutes et 40 secondes qui suivent.

DEATH NOTE
How to Use it
II

- **This note shall become the property of the human world, once it touches the ground of (arrives in) the human world.**

    Cet agenda appartiendra au monde des humains à partir de l'instant où il touchera le sol de (arrivera dans) ce monde.

- **The owner of the note can recognize the image and voice of its original owner, i.e. a god of death.**

    Celui qui possède l'agenda peut voir son premier propriétaire, un dieu de la mort, et entendre sa voix.

- **The human who uses this note can neither go to Heaven nor Hell.**

    Tout humain qui utilise cet agenda ne peut aller au paradis ou en enfer.

DEATH NOTE
How to use it
III

- If the time of death is written within 40 seconds after writing the cause of death as a heart attack, the time of death can be manipulated, and the time can go into effect within 40 seconds after writing the name.

  Si on écrit explicitement "crise cardiaque" comme cause de la mort, l'heure de la mort peut être spécifiée à condition d'être écrite dans les 40 secondes qui suivent. De cette manière, la mort peut même se produire moins de quarante secondes après l'écriture du nom.

- The human who touches the DEATH NOTE can recognize the image and voice of its original owner, a god of death, even if the human is not the owner of the note.

  Tout humain qui touche le DEATH NOTE peut voir et entendre le dieu de la mort qui en est propriétaire même si l'humain en question n'est pas celui qui possède l'agenda.

DEATH NOTE
How to use it
IV

○ The person in possession of the DEATH NOTE is possessed by a god of death, its original owner, until they die.

Toute personne possédant un DEATH NOTE sera suivie par le dieu de la mort qui en est propriétaire, jusqu'à ce qu'elle meure.

○ If a human uses the note, a god of death usually appears in front of him/her within 39 days after he/she uses the note.

Lorsqu'un humain utilise l'agenda, un dieu de la mort apparaît normalement dans les 39 jours qui suivent sa première utilisation

○ Gods of death, the original owners of the DEATH NOTE, do not do, in principle, anything which will help or prevent the deaths in the note.

En principe, les dieux de la mort propriétaires de DEATH NOTEs utilisés par des humains ne font rien qui puisse favoriser ou empêcher les morts qui se produisent à cause de l'agenda

○ A god of death has no obligation to completely explain how to use the note or rules which will apply to the human who owns it.

Un dieu de la mort n'est pas obligé d'expliquer l'utilisation du DEATH NOTE ou les règles qui s'appliquent à celui qui le possède.

DEATH NOTE

How to use it

v

- A god of death can extend his life by putting human names on the note, but humans cannot.

  Un dieu de la mort peut allonger son espérance de vie en écrivant des noms dans le DEATH NOTE, mais les humains ne le peuvent pas.

- A person can shorten his or her own life by using the note.

  Un humain peut écourter sa propre vie en utilisant l'agenda.

- The human who becomes the owner of the DEATH NOTE can, in exchange of half of his/her remaining life, get the eyeballs of the god of death which will enable him/her to see a human's name and remaining lifetime when looking through them.

  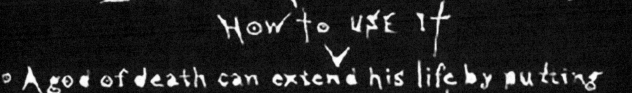

  L'humain qui est propriétaire du DEATH NOTE peut, en échange de la moitié de ce qui lui reste de vie, obtenir les yeux du dieu de la mort, qui lui permettront de voir l'espérance de vie et le nom d'autres humains en voyant leur visage.

- A god of death cannot be killed even if stabbed in his heart with a knife or shot in the head with a gun. However, there are ways to kill a god of death, which are not generally known to the gods of death.

  Un dieu de la mort ne peut pas être tué même s'il est poignardé ou si on lui tire une balle dans la tête. Cependant, il existe des moyens de tuer un dieu de la mort, qu'ils ne connaissent généralement pas.

DEATH NOTE
How to use it

VI

○ The conditions for death will not be realized unless it is physically possible for that human or it is reasonably assumed to be carried out by that human.

La mort ne se produira dans les circonstances décrites que si elles sont physiquement réalisables pour cet humain et s'il est raisonnablement plausible que cet humain veuille le faire.

○ The specific scope of the condition for death is not known to the gods of death, either. So, you must examine and find out.

Les dieux de la mort eux-mêmes ne connaissent pas les conditions exactes pour que la mort se déroule dans les circonstances décrites. Il faut donc expérimenter et les découvrir par soi-même.

DEATH NOTE
How to use it

VII

○ One page taken from the DEATH NOTE, or even a fragment of the page, contains the full effects of the note.

Une page arrachée au DEATH NOTE, ou même un morceau de page, possède les mêmes propriétés et produit les mêmes effets que le DEATH NOTE

○ The instrument to write with can be anything, ((e.g. cosmetics, blood, etc)) as long as it can write directly onto the note and remains as legible letters.

On peut utiliser n'importe quoi pour écrire sur l'agenda (ex: rouge à lèvres, sang, etc) tant qu'il est possible d'écrire directement et lisiblement sur le DEATH NOTE avec.

○ Even the original owners of the DEATH NOTE, gods of death, do not know much about the note.

Même les dieux de la mort savent très peu de choses sur le DEATH NOTE

DEATH NOTE
How to use it
VIII

○ You may also write the cause and/or details of death prior to filling in the name of the individual. Be sure to insert the name in front of the written cause of death.

You have about 19 days (according to the human calendar) in order to fill in a name.

Il est aussi possible d'écrire la cause de la mort et/ou des détails avant d'écrire le nom de l'individu, à condition que le nom soit écrit devant la cause de la mort. Il peut être écrit au plus tard environ 19 jours après avoir décrit la mort (selon le calendrier humain).

○ Even if you do not actually possess the DEATH NOTE, the effect will be the same if you can recognize the person and his/her name to place in the blank.

Même si celui qui écrit le nom n'est pas le propriétaire du DEATH NOTE, l'effet sera le même à condition qu'il puisse reconnaître le visage de la personne et connaisse son nom.

DEATH NOTE
How to use it
IX

○ The DEATH NOTE will not affect those under 780 days old.

Le DEATH NOTE n'aura aucun effet sur ceux qui ont moins de 780 jours.

○ The DEATH NOTE will be rendered useless if the victim's name is misspelled four times.

Si le nom d'une même personne est écrit avec des erreurs quatre fois, le DEATH NOTE deviendra inefficace contre cette personne

DEATH NOTE
How to use it

X

○ "Suicide" is a valid cause of death. Basically all humans are thought to possess the possibility to commit suicide. It is, therefore, not something "unbelievable to think of".

"Suicide" est une cause de la mort valide. Fondamentalement, tous les humains sont considérés comme ayant la possibilité de se suicider. Ce n'est donc pas quelque chose d'inconcevable.

○ Whether the cause of the individual's death is either a suicide or accident. If the death leads to the death of more than the intended, the person will simply die of a heart attack. This is to ensure that other lives are not influenced.

Que la cause de la mort soit un suicide ou un accident, si la mort nécessiterait la mort d'autres personnes dont le nom n'a pas été inscrit, la victime mourra simplement d'une crise cardiaque. Cela évite que d'autres vies puissent être influencées.

Printed in the USA
CPSIA information can be obtained
at www.ICGtesting.com
LVHW020339280723
753396LV00015B/548